AF266168

M. LE COMTE DE CHAMBORD

LES BOURBONS

DE LA DEUXIÈME BRANCHE AINÉE

SES HÉRITIERS LÉGITIMES

ET

LES PRINCES D'ORLÉANS

PAR

TH.-P. GAZEAU (DE VAUTIBAULT)

2ᵉ édition. — Prix : 1 franc

PARIS

ERNEST LEROUX
Libraire-Editeur
28, rue Bonaparte, 28,

G. de GRAET-DELALAIN
Direct. du Salon littéraire national.
1, rue Méhul, 1,

1873

LA FUSION

LES BOURBONS DE LA DEUXIÈME BRANCHE AINÉE, HÉRITIERS LÉGITIMES DE M. LE COMTE DE CHAMBORD

INTRODUCTION

Je vais démontrer, avec des documents monarchistes, et aussi clair que deux fois deux font quatre, que :

Selon la loi salique,

Selon le droit monarchique, traditionnel, constitutionnel et héréditaire de France,

Selon Louis XIV, Louis XV, toute la France, toute l'Europe du XVIIIe siècle et le traité d'Utrecht lui-même,

Selon l'Assemblée Constituante de 1789-1791,

Selon Louis-Philippe Ier, son gouvernement et ses ministres,

Selon les légitimistes de 1640 à 1873,

Les héritiers légitimes de la première branche aînée des Bourbons sont les Bourbons de la deuxième branche aînée et non la branche cadette, dite Orléans.

Cette brochure était écrite depuis longtemps, n'attendant que l'occasion favorable pour être publiée, lorsque M. de Maumigny consacra, dans le *Monde* des 12 et 17 février 1873, à soutenir quelques-unes des vérités ci-dessous développées, deux longs articles qui ont fait sensation. Toute la presse s'est empressée de reproduire quelques passages des articles de M. de Maumigny et de les accompagner des plus instructives réflexions. Voici, par exemple, un extrait du *Figaro* du 20 février 1873 :

« Diverses lettres nous affirment aujourd'hui que la théorie du *Monde* en matière de succession, est celle de *tous les vrais légitimistes.* »

D'autre part, en même temps que les légitimistes se vengeaient, par les articles Maumigny et les vertes remontrances de l'*Union* et de l'*Univers*, de l'avortement de la dernière tentative de fusion, les orléanistes de *la Commission des Trente* proclamaient hautement, au sein de cette commission, qu'ils ne renonçaient pas pour toujours à de nouvelles intrigues royalistes, et, qu'en accordant des concessions forcées à MM. Thiers et Dufaure, ils ne faisaient qu'ajourner la réalisation de leurs complots monarchistes.

La publication de cette brochure est donc tout-à-fait d'actualité.

Son importance n'échappera ni aux légitimistes ni aux républicains. En effet, il y a là, pour les légitimistes, une question d'honneur, de loyauté et de considération pour leur parti. D'après M. le comte de

Chambord (Maumigny), d'après sa sœur, Madame la duchesse de Parme (Maumigny), d'après « *tous les vrais légitimistes* », l'héritier légitime de M. le comte de Chambord, le vrai Dauphin de France, est M. Robert de Parme, neveu de M. le comte de Chambord, un des descendants mâles du second petit-fils de Louis XIV, le duc d'Anjou, frère du duc de Bourgogne, dont M. le comte de Chambord est le dernier descendant mâle. — De plus, depuis deux siècles, la question de l'héritier légitime des Bourbons de la première branche aînée, a toujours été résolue en faveur des Bourbons de la deuxième branche aînée ; et, ce n'est que, depuis le second Empire, que les légitimistes et leurs journaux, tout en admettant les droits incontestables des Bourbons de la deuxième branche aînée, ont mis une sourdine à leurs convictions et, dans l'intérêt de la fusion, voilé plus ou moins les sentiments cachés et les aspirations de leur vrai royalisme, incapable de transiger avec le droit. — Il importe donc qu'il soit bien su, une fois pour toutes et hautement dans tout le parti légitimiste, que les Orléans ne sont pas les héritiers légitimes de M. le comte de Chambord, et que, par conséquent, une 49ᵉ tentative de fusion qui viendrait après le récent manifeste de ce prince serait aussi inutile, déloyale et anti-monarchique que les 48 précédentes.

Quant aux républicains, ils savent que, sans la conjuration de Philippe-Egalité de 1780 à 1793, que sans les 37 ans de complots de Louis-Philippe 1ᵉʳ de 1793 à 1830, ils n'auraient vu ni les Révolutions de 1789 à 1793, ni celle de 1830 ; ils savent que, si de 1848 à 1851 et de 1871 à 1873, les deux partis légitimiste et orléaniste s'étaient fondus en un seul et même parti, M. le comte de Chambord aurait été inévitablement rétabli sur le trône de ses pères. Ils savent que, tout récemment encore, c'est à l'avortement de la fusion qu'il faut attribuer la capitulation de la *Commission des Trente*.

Il est donc, pour le parti républicain, d'une utilité majeure, que cette vérité se répande dans les masses et dans tout le parti légitimiste, à savoir que le comte de Paris n'est pas le vrai Dauphin de France. Cela est utile afin qu'à la mort de M. le comte de Chambord, les causes qui depuis 1789 ont perpétué la révolution ne disparaissent pas et que le royalisme n'acquière pas, par la fusion des deux partis royalistes en un seul, des chances doubles de s'imposer au pays. Cela est utile, parce que cette diffusion aurait pour résultat actuel et décisif de mettre un terme à toutes les intrigues fusionnistes qui, périodiquement, viennent troubler le pays ; de diviser irrémédiablement aux yeux des plus crédules, des plus naïfs, les partis légitimiste et orléaniste en deux camps bien tranchés et irréconciliables ; et enfin de couper dans leurs racines les nouveaux complots fusionnistes dont MM. les ducs de Broglie, d'Audiffret-Pasquier et Decazes ont, il y a quinze jours, menacé le pays, en pleine *Commission des Trente*.

L'opportunité, l'utilité et l'importance de cette brochure étant ainsi démontrées, j'entre en matière.

I

Louis XIII et ses deux Fils. — Louis XIII eut deux fils, Louis XIV et Philippe d'Orléans. De là, deux Branches : la branche aînée des Bourbons et la branche cadette d'Orléans.

Tout d'abord. — Tout d'abord, il est incontestable que les descendants du frère de Louis XIV ne peuvent avoir de droits à la couronne des Bourbons que lorsque la postérité mâle de Louis XIV sera complètement éteinte.

Les descendants du frère de Louis XIV. — Ceci dit, voyons quels furent les descendants de Louis XIV et de son frère. Philippe d'Orléans (1640-1701) eut pour fils le fameux régent (1674-1723), lequel engendra Louis Orléans le *Généréfain* (1703-1752), lequel engendra Louis-Philippe Orléans, dit le *Gros-Philippe* (1725-1785), lequel engendra Philippe-Egalité (1647-1793), lequel engendra Louis-Philippe-Egalité, qui fut roi des Français (1773-1850), lequel engendra Ferdinand Orléans (ainsi que MM. d'Aumale, Joinville, Nemours, Montpensier, etc.), lequel engendra M. le comte de Paris et M. le duc de Chartres.

Les descendants de Louis XIV. — Voici maintenant quelle fut la lignée de Louis XIV. Il eut un fils, le Grand Dauphin, qui mourut empoisonné.

Le Grand Dauphin laissa trois fils : MM. les ducs de Bourgogne, d'Anjou et de Berry.

Les ducs de Bourgogne et d'Anjou eurent seuls des enfants :

1º Le duc de Bourgogne, mort empoisonné, laissa deux fils : le duc de Bretagne, mort empoisonné, et Louis XV dont la postérité mâle est aujourd'hui représentée par M. le comte de Chambord.

2º Quand au duc d'Anjou, que Louis XIV envoya régner en Espagne sous le nom de Philippe V, il eut quatre fils dont *deux* laissèrent des enfants mâles.

L'un, Philippe, monta sur le trône de Parme qui fut successivement occupé par ses descendants, Ferdinand, Charles-Louis et Charles III. Charles III mourut assassiné ; il avait épousé la sœur de M. le comte de Chambord et laissa quatre enfants, dont deux fils. L'aîné, Robert (de Parme), né en 1848, fut détrôné en 1859 par le roi d'Italie ; il vit auprès de son oncle, M. le comte de Chambord, qui a dirigé son éducation, et est actuellement âgé de 25 ans. — L'autre, Charles III, roi d'Espagne, eut plusieurs fils dont la postérité mâle est aujourd'hui représentée par Don Carlos et François II, ex-roi de Naples, etc.

Tableau généalogique. — Voici du reste un tableau qui fera ressortir plus clairement encore la situation généalogique des Bourbons et des Orléans.

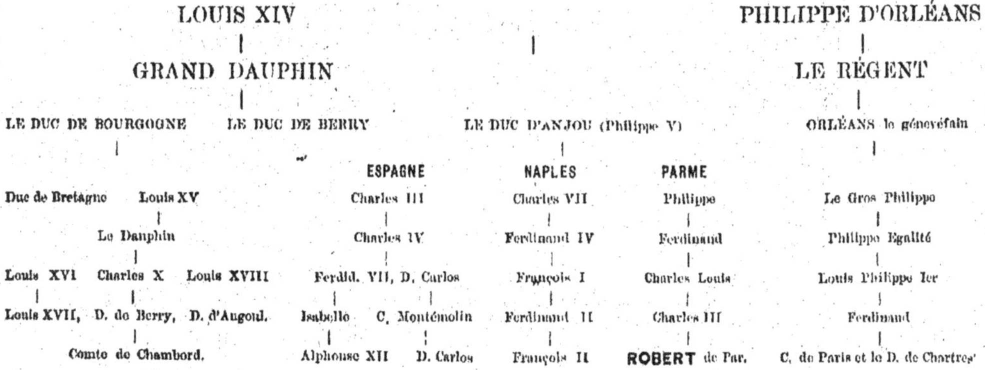

En Résumé. — En résumé, Louis XIII eut deux fils, Louis XIV et Philippe d'Orléans.

Les descendants de Louis XIV sont aujourd'hui représentés par Henri V, Robert (de Parme), Don Carlos et François II, etc.

Les descendants de Philippe d'Orléans et du Régent, son fils, sont aujourd'hui représentés par MM. de Paris et de Chartres, et en seconde ligne, par leurs oncles, MM. d'Aumale, de Joinville, de Nemours, etc.

Une vérité incontestée. — Je crois que j'ai été clair.

Eh bien ! je dis ceci. De même que, si M. de Paris venait à mourir sans enfants mâles, il est incontestable que ses oncles, MM. d'Aumale, de Joinville, etc., ne pourraient succéder à ses droits à la couronne que si M. de Chartres et ses enfants mâles étaient décédés antérieurement;

De même que, — je suppose que Napoléon IV eût un frère, — si Napoléon IV venait à mourir sans enfants mâles, le prince Napoléon ne pourrait succéder à ses droits à la couronne que si ce frère présumé était décédé antérieurement sans postérité mâle;

De même, je le répète, MM. Orléans ne peuvent être les héritiers légitimes de M. le comte de Chambord que lorsque Robert (de Parme), don Carlos (d'Espagne) et François II (de Naples) seront décédés avec leur postérité masculine. Cela saute aux yeux et n'a jamais souffert aucune contradiction.

Le traité d'Utrecht. — Mais, du moment que MM. Orléans se disent les héritiers légitimes de M. de Chambord, du moment que MM. Princeteau, Cumont (de), Bouillerie (de la), Borderie (de), Vétillart et Ce saluent M. de Paris comme le Grand Dauphin de France, MM. Orléans, Cumont et les autres Cumont de France doivent invoquer une raison.

Quelle est cette raison?

C'est le traité d'Utrecht, les renonciations du traité d'Utrecht. Je vais expliquer, clair, pur et limpide comme de l'eau de roche, ce que c'est que ça le traité et les renonciations d'Utrecht.

II

La succession d'Espagne, d'Italie, des Pays-Bas et d'Amérique. — Charles II, roi d'Espagne, mourut, en 1701, instituant par testament, pour héritier, M. le duc d'Anjou, le second des petits-fils de Louis XIV, le premier, M. le duc de Bourgogne, devant hériter du trône de France.

Charles II avait été longtemps en suspens s'il devait choisir un archiduc d'Autriche ou le duc d'Anjou.

Car, les dames espagnoles, Anne et Marie-Thérèse avaient, pour devenir reines de France, renoncé avec les cours de France à la succession des royaumes d'Espagne pour elles et leur postérité, les descendants de Louis XIII et de Louis XIV.

Charles II, qui était un prince scrupuleux, se remit du soin de soulager sa conscience à l'arbitrage du pape Innocent XII. Celui-ci, après avoir consulté tous les princes de l'Église, les facultés de droit et de théologie, se prononça pour les droits des Bourbons, disant que les renonciations (qui, du reste, avaient déjà été violées fréquemment) n'avaient eu pour but *que d'empêcher la réunion sur une même tête des deux couronnes d'Espagne et de France,* ce qui eût asservi l'Espagne à la France et détruit l'équilibre européen, et que dès lors Charles II était en droit d'instituer pour son héritier, sinon M. le duc en Bourgogne à qui revenait le trône de France, du moins le second des petits-fils de Louis XIV, M. le duc d'Anjou.

En conséquence du jugement de la cour de Rome, Charles II fit son testament en faveur de M. le duc d'Anjou, déclarant dans ses considérants que les renonciations des cours de France et des dames Anne et Marie-Thérèse ayant eu *pour motif d'éviter les réunions des couronnes d'Espagne et de France sur une même tête;* dès lors que ce motif fondamental venait à cesser, le droit de succession subsistait en faveur du parent le plus immédiat après le prince héritier de France.

À la mort de Charles II, Louis XIV accepta le testament, fit solennellement consacrer à la cour des Comptes et au parlement les droits éventuels des Bourbons de France et d'Espagne à ces deux couronnes, et M. le duc d'Anjou devint roi, sous le nom de Philippe V, roi d'Espagne, c'est-à-dire d'Espagne, de Toscane, de Naples, de Sicile, de Parme, des Pays-Bas et d'Amérique. — De même, l'Angleterre, la Hollande, et presque toutes les autres puissances, *du moment que la réunion des deux couronnes sur une même tête était écartée*, reconnurent M. le duc d'Anjou, comme roi d'Espagne.

La Guerre et le II° d'Orléans. — Mais, enivré de sa gloire, Louis XIV ne mit bientôt plus de bornes à son orgueil et à son arrogance. Il blessa l'Angleterre et autres puissances par des mesures ambitieuses ; contrairement au testament de Charles II, il affirma et revendiqua solennellement, pour sa famille, le droit de réunir sur une seule et même tête les deux couronnes de France et d'Espagne.

L'Angleterre, l'Autriche et leur alliés, sans contester les droits éventuels de Philippe V et de ses enfants à la couronne de France, soutinrent que le même Bourbon ne pourrait occuper les deux trônes à la fois sans violer les renonciations des dames Anne et Marie Thérèse et le testament de Charles II ; et que, le cas échéant, il serait dans l'obligation de céder l'un des deux trônes au parent le plus immédiat. — Ils armèrent toute l'Europe contre la France et l'Espagne. Pendant dix ans, l'Europe fut ensanglantée par des batailles incessantes. Je ne dirai pas ici les trahisons du fils de M. Philippe d'Orléans pendant cette longue guerre, ses trahisons en Italie et en Espagne, ses complots et ceux de son confident, l'abbé Dubois, avec les Anglais, leurs patrons.

Les Négociations. — Après dix ans de guerre, des négociations furent entamées et la paix se trouva *arrêtée* entre la France et l'Angleterre, disent les mémoires de M. le duc de Saint-Simon, l'intime ami du fils de Philippe d'Orléans, celui qui fut le Régent.

Les Empoisonnements. — C'est à ce moment que furent empoisonnés le Grand Dauphin, fils de Louis XIV ; le duc de Bourgogne ; la duchesse de Bourgogne, sa femme; et le duc de Bretagne.

Comme le disent les Mémoires de MM. les ducs de Saint-Simon et de Luynes, du marquis d'Argenson et cent autres de ce temps, il n'y eut *pas un* homme en France et en Europe (sauf Saint-Simon,) qui n'accusa de tous ces empoisonnements le Régent, sa fille aînée et l'abbé Dubois. Je n'apprécie pas ; je constate.

Le second des fils de M. le duc de Bourgogne, celui qui devait être Louis XV, ne fut lui-même sauvé que par un contre-poison que les dames de la Cour allèrent arracher au Régent, la menace à la bouche.

Nouvelle phase des négociations. — Ces crimes firent entrer les négociations dans une nouvelle phase. « Nos malheurs domestiques, dit le philippiste duc de Saint-Simon, firent naître une difficulté... Si l'auguste et précieux filet (Louis XV) qui, seul, excluait Philippe V du trône de France venait à se rompre, Philippe V montait *de droit* sur le trône de France et réunissait ainsi sur sa tête les deux couronnes de France et d'Espagne... Nos ennemis résolurent de prendre toutes leurs sécurités pour empêcher cette réunion... »

Sans contester les droits du petit-fils de Louis XIV au trône de France, en cas de mort de Louis XV, ils exigèrent comme moyen de sanction de la séparation perpétuelle des deux couronnes de France et d'Espagne, les renonciations des rois de France et d'Espagne, pour eux et leurs descendants, aux trônes d'Espagne et de France. M. de Torcy, le négociateur français, observa à M. Bolingbroke, le négociateur anglais, que ce moyen (les renonciations) d'empêcher la réunion, sur une seule et même tête, des deux couronnes de France et d'Espagne était formellement contraire au droit public du royaume, à la loi de notre succession monarchique et, dès lors, un expédient insuffisant pour prévenir la réunion à éviter (Duclos). — M. Bolingbroke convint que les renonciations projetées ne pouvaient avoir assez de valeur pour retirer aux Bourbons de France et d'Espagne leurs droits sur les couronnes d'Espagne et de France, qu'au point de vue des lois françaises elles constituaient vis-à-vis des princes intéressés une illégalité constitutionnelle qui ne les lierait en rien personnellement, mais qu'au point de vue pratique et international, c'était le meilleur expédient pour assurer la séparation perpétuelle des deux trônes par une nouvelle intervention des puissances et que, du reste, il créerait inévitablement en France des divisions, des factions et des partis. Il ajouta que, si on proposait une autre expédient aussi solide pour assurer la séparation, il l'accepterait (Duclos et Bolingbroke).

Le texte même du Traité d'Utrecht. — En conséquence, le texte du traité d'Utrecht, afférent à ces négociations, déclara formellement que les renonciations ne pouvaient atteindre qu'un objet, la séparation perpétuelle des deux couronnes. D'ailleurs, voici les principaux passages de l'article 7 du traité d'Utrecht qui confirment les dires des légitimistes de tous les temps et tout ce qui précède.

« La guerre a été allumée *principalement* parce que la sûreté et la liberté de l'Europe ne pouvaient pas souffrir que les couronnes de France et d'Espagne fussent *réunies sur une même tête*... On est enfin parvenu à *prévenir ce mal* pour tous les temps à venir *moyennant des renonciations* dont la teneur suit (suivent les renonciations)... Il est suffisamment pourvu par la renonciation ci-relative à ce qu'aucun prince des Bourbons de France ou d'Espagne *puisse réunir les deux couronnes*, à ce que les couronnes de France et d'Espagne demeurent *séparées et désunies*; de manière que les susdites renonciations et les *autres transactions* qui les regardent subsistant *dans leur rigueur*, ces couronnes ne pourront jamais être *réunies*; ainsi, le roi d'Espagne et la reine de la Grande Bretagne s'engagent, par parole de roi, qu'eux ni leurs héritiers ne permettront qu'il ne soit jamais rien fait capable d'empêcher que les renonciations et *autres transactions* susdites d'avoir leur plein et entier effet. »

Comme on le voit, les renonciations imposées par le traité d'Utrecht ne furent, et l'étranger ne les accepta que comme un expédient imaginé pour assurer la séparation éternelle des deux couronnes de France et d'Espagne, mais laissant intacts les droits éventuels des Bourbons des deux royaumes. Comme le dit l'art. 7 du traité d'Utrecht, la guerre « fut allumée principalement pour empêcher les deux couronnes d'être réunies sur une même tête; » et, la guerre finie, on voulut « prévenir ce mal moyennant des renonciations », qui devaient « suffire pour que les deux couronnes ne pussent être réunies..., pour qu'elles demeurassent séparées et désunies ». De sorte que les deux rois Louis XIV et Philippe V, son petit-fils, ne renoncèrent pour eux et leurs descendants qu'à porter les deux couronnes à la fois, mais ne renoncèrent nullement à leurs droits respectifs sur ces trônes qu'ils seraient en droit de céder, comme Charles II, au parent le plus immédiat après l'héritier présomptif. Par exemple, si Louis XV était venu à mourir, Philippe V aurait été en droit d'opter pour le trône de France et de céder celui d'Espagne à son fils aîné ou au cadet : personne en France ou en Europe, n'aurait protesté, comme on le verra plus loin.

III

Les contemporains, le traité d'Utrecht et le droit public du royaume de France. — Tous les contemporains furent unanimes, sans en excepter un seul, à interpréter ainsi le traité d'Utrecht.

C'est en vertu de deux motifs principaux qu'ils pensaient ainsi. Ils disaient d'abord que le traité d'Utrecht n'avait voulu viser et n'avait visé, par ses termes, que la séparation des deux couronnes et non les droits eux-mêmes des Bourbons aux couronnes de France et d'Espagne. Ils disaient ensuite que, lors même que les renonciations auraient eu pour objet de priver les Bourbons de France et d'Espagne de leurs droits, ces renonciations, valables au point de vue international, seraient nulles au point de vue monarchique et français.

Ils disaient avec M. Duclos et tous les princes français (Recueil de pièces touchant l'affaire des princes, tome I, page 116 et 114, II 272, 276, 278, III 4) : « Par les lois fondamentales de France, le prince le plus proche de la couronne est l'héritier nécessaire; il succède, non comme héritier simple, mais comme maître du royaume, non par choix, mais par le seul droit de naissance; il ne doit sa couronne ni à la volonté de son prédécesseur, ni au consentement de qui que ce soit, mais à la Constitution de la monarchie, à Dieu seul; il n'y a que Dieu qui puisse la changer et toute renonciation serait inutile... Les principes nationaux sont inaltérables. On est persuadé en France que, si la famille royale, la branche directe venait à s'éteindre, l'aîné de la branche espagnole passerait sur le trône de France, au préjudice de tous les princes du sang qui ne seraient pas sortis de Louis XIV et Louis XV (les Condé, les Conti, les Orléans et les bâtards légitimés). On n'est pas moins convaincu que les deux couronnes ne seraient pas réunies sur la même tête. »

Ils disaient avec M. de Voltaire (Siècle de Louis XIV, pag. 420) : « Il n'y a point encore de loi reconnue qui oblige les descendants à se priver du droit de régner auquel auront renoncé les pères. Ces renonciations ne sont efficaces que lorsque l'intérêt commun continue de s'accorder avec elles. Mais enfin elles calmaient pour le moment une tempête de douze années... »

Ils disaient, et MM. Dumoulin, Le Bret, de Brossard, de Lourdoueix, M. le comte de Chambord, la correspondance Saint-Chéron, l'*Union* du 21 avril 1872 et mille autres, ont répété après et avec eux : « D'après le vieux droit monar-chique, le plus proche parent en ligne masculine du dernier roi est l'héritier légitime et nécessaire de la couronne. Il est saisi de plein droit par la mort de son prédécesseur et il ne dépend pas plus de celui-ci de l'exclure qu'il ne dé-pend de lui de ne pas hériter. C'est là la loi fondamentale de la monarchie. Le fait de porter une couronne étrangère ou d'y aspirer n'est point un titre d'exclusion pour le prince français qui en est revêtu. La royauté indépen-dante de Navarre n'exclut point Henri IV de la succession de France. Henri III etc... Si un tel fait eût été une cause de déchéance et d'exclusion, vingt princes (voir l'Histoire de France) de la maison de Bourbon n'auraient pas abandonné leurs droits éventuels à la plus belle couronne du monde pour aller porter les lys sur les trônes de l'Europe.. Le droit public du royaume n'admet pas que l'héritier légitime, étant héritier nécessaire, puisse abdiquer son droit et à fortiori celui de sa postérité née ou à naître. Aucune renonciation ne peut donc détruire la loi de la succession monarchique etc. ».

Louis XIV et les renonciations. — Pendant les négociations d'Utrecht, les Anglais tentèrent de forcer Louis XIV à faire ratifier les renonciations par les États généraux, afin d'engager la nation elle-même. Mais, fidèle aux lois fondamentales du royaume, Louis XIV ne voulut pas reconnaître même aux États généraux le droit de changer la succession de la monarchie. Il fit tout pour sauvegarder les principes de la Constitution monarchique, et les séparer du fait des renonciations, déclarant qu'agir autrement serait de sa part une usurpation et qu'il n'avait pas le droit de promulguer un nouvel ordre de succession. — Puis, par une déclaration du 13 mars 1713, il se contenta d'autoriser, au moyen de l'enregistrement au parlement, la publicité de ces renonciations émanées d'un libre arbitre autre que le sien et qu'il n'au-rait pu ordonner; et, il eut bien le soin de rappeler que ces renonciations im-posées par l'Angleterre, étaient un fait indépendant de sa volonté.

Le duc de Saint-Simon et le Traité d'Utrecht. — Dans ses fa-meux Mémoires, M. le duc de Saint-Simon consacre de longues pages à ce sujet et confirme tout ce que nous venons de dire. Il fut lui-même un des né-gociateurs employés par Louis XIV, et chercha à défendre les intérêts du Régent dont il avait été, dit-il, l'unique ami au temps des trahisons d'Espagne et des empoisonnements.

Après avoir fait l'historique du sort éphémère des *Traités*, des *renonciations* et des *serments* qui ont *tous* été violés, et narré comment Louis XIV refusa de faire *sanctionner* les renonciations par l'autorité de la Nation, les *États Généraux*, M. Saint-Simon raconte qu'il proposa à ses co-négociateurs l'en-registrement des renonciations en parlement, « étant présents les ducs pairs et *même vérifés* et aussi les *officiers de la Couronne* ». Mais « le roi ne voulut point entrer dans nos formes; il ne voulut qu'un *simple enregistrement* des renonciations au parlement et y appeler, tout au plus, les deux princes intéres-sés (MM. Berry et Orléans) et les pairs... Je dis à M. de Beauvilliers, notre président, que cela n'avait *aucune validité*, que *les alliés seraient bien simples s'ils s'en contentaient...;* je lui dis que la renonciation du roi d'Espagne ne recevrait pas le *moindre degré de validité* par l'enregistrement, que Philippe V et sa postérité n'en demeureraient pas moins dans *tous leurs droits* sur la couronne de France... Mais M. le duc de Beauvilliers et le roi ne voulurent entendre que d'un *simple enregistrement*, usité pour tous les Traités et qui *n'en avait rendu aucun plus stable..: Les Anglais continuèrent d'alléguer les violations incessantes des renonciations antérieures*, et en gens aussi attachés que ce peuple aux *formes légales* et juridiques, ils demandèrent celles qui *pouvaient valider des renonciations* si importantes pour eux et à toute l'Europe... Le duc d'*Orléans* se concertait avec les *Anglais* pour exiger de Louis XIV des renonciations *solides et irréfragables* qui fussent une garantie pour sa maison ; *il leur démontrait qu'eux seuls voulaient la paix*, que les autres puissances y étaient opposées, que Louis XIV, hors d'état de continuer la guerre avec un royaume épuisé, accepterait toutes les conditions, de guerre lasse... Mais, devant les refus *persistants* du roi, les Anglais durent se contenter de renonciations avec simple enregistrement...

« Ce serait répéter inutilement que vouloir représenter de nouveau ce que peuvent être des renonciations à la couronne de France contre l'ordre constant et jamais interrompu depuis Hugues-Capet, sans que la France l'accepte par une loi nouvelle revêtue des formes et de la liberté qui puissent lui acquérir la force et la solidité nécessaire, — que vouloir représenter ce que peuvent être des renonciations de princes qui sont forcés d'assister avec les pairs à la lecture et à l'enregistrement de ces actes, sans qu'on ait auparavant exposé et traité la matière, sans qu'on ait délibéré et opiné. C'est néanmoins ce qui fut fait, pour assurer par là le repos à toute l'Europe...

« Le roi ne voulait même pas que les pairs fussent convoqués pour l'enregistrement. Mais les menées du duc d'Orléans le déterminèrent à les appeler à la séance. Elle eut lieu le 15 mars 1713. »

Alors, Saint-Simon raconte comme quoi le chancelier refusa de la présider et d'y aller, parce que ce qui devait se passer lui semblait peu dans les règles ; comme quoi il y eut 29 princes et ducs en séance et 25 absents ; comme quoi il avait rédigé un compliment pour M. le duc de Berry qui devait le réciter ; qu'il fut obligé de l'abréger une fois, deux fois, trois fois, parce que M. de Berry n'était pas plus capable de l'apprendre par cœur que de le rédiger ; que M. de Berry, à la séance, ne put jamais en dire plus long que « Monsieur,... Monsieur,... Monsieur... »; que MM. Berry et Orléans devinrent alors éperdus et tout rouges, tandis que lui en suait à grosse goutte ; qu'on enregistra les trois renonciations de Philippe V, de MM. Berry et Orléans ; les avanies que les princes et ducs firent subir à la misérable et orgueilleuse engeance des robins ; les aventures plaisantes qui égayèrent cette longue séance ; comme quoi « le bonhomme Richelieu, qui prenait tous les soirs de la casse et un lavement le matin, avec lequel il se promenait trois ou quatre heures et le rendait chez qui il se trouvait, ne cessa de frétiller, de grommeler de ne pouvoir aller à la garde-robe parce que la salle était toute pleine »; comme quoi, lui, Saint-Simon « la frayeur le saisit pour ses chausses et par conséquent pour son nez, et l'entassement de la foule lui fit voir qu'il ne pourrait se défaire d'un si dangereux voisin »; comme quoi « les bouffées de sortir du bonhomme Richelieu, ses menaces de ne plus pouvoir se retenir, firent croire à Saint-Simon plus d'une fois qu'il était perdu »; comme quoi M. de Coislin évêque de Metz, qui était placé le dos à ses genoux « ne cessa aussi de frétiller, de pester contre la séance, les Anglais et les robins, de dire qu'il crevait d'envie de pisser »; comme quoi, lui, Saint-Simon, lui proposa « de pisser devant lui sur les oreilles des robins qui étaient au dessous de lui, aux bas sièges, mais que Coislin n'en fit rien, s'impatienta, parla tout haut, se trémoussa, parla de se soulager quand même et devint de plus en plus plaisant, au point de le faire mourir de rire avec les ducs de Tresmes et de Charost, qui lui disaient à tous moments de se tenir comme ils auraient fait à un enfant, etc., etc. »

IV

L'empoisonnement de M. Berry. Philippe V et le 1er d'Orléans.

Le traité d'Utrecht ne tarda pas à être suivi de l'empoisonnement du troisième petit-fils de Louis XIV, M. le duc de Berry, qui avait épousé la fille aînée du Régent et mourut empoisonné par elle (ce fait est acquis à l'histoire par les mémoires de Luynes et cent autres). Comme, d'un autre côté, le jeune dauphin (Louis XV) continuait de jouir d'une santé très-délicate qui devait mettre ses jours en danger durant tout le cours de son enfance et de son adolescence, Philippe V, le second des fils de Louis XIV, rendit publique une déclaration par laquelle, en cas d'un nouveau malheur, qui viendrait à éteindre la première branche aînée des Bourbons, il userait de ses droits et viendrait occuper le trône de France, laissant la couronne d'Espagne à son fils aîné. Mais, poussé par l'abbé Dubois et le cabinet britannique, le Régent, malgré l'exécration publique qui pesait sur sa tête, fit une réserve publique de ses droits à la Couronne qui, disait-il, avaient été consacrés par le traité d'Utrecht. Les puissances européennes « accueillirent sans protestation les déclarations de Philippe V et avec mépris celles de M. d'Orléans qui n'avait nul crédit et nuls partisans à la cour de Paris. »

Le testament de Louis XIV. — Une année avant sa mort, LouisXIV s'occupa de son testament. Il fut longtemps en suspens s'il ne donnerait pas la régence du petit Louis XV à son oncle Philippe V. Celui-ci, de son côté, fit tous ses efforts pour que Louis XIV, son grand'père, la lui accordât, quitte à la faire gérer par substitut. M. Cellamare, son ambassadeur, sonda toute la cour sur ce point, espérant avec son appui entraîner la décision testamentaire. Toute la cour, (Mémoires Duclos), les Condé, les Guise, les Courtenvaux, les Berwick, les Polignac, les Torcy, les Noailles, les d'Estrées, le duc du Maine et le comte de Toulouse etc., etc., protestèrent de leur dévouement aux droits de Philippe V au trône de France, et que, si le roi mineur venait à manquer, Philippe V ne trouverait aucune difficulté à passer sur le trône de France, mais ils conseillèrent à M. Cellamare d'abandonner son projet de régence par réprésentant comme irréalisable et impolitique.

En conséquence, Louis XIV fit un testament qui établissait un conseil de régence composé absolument d'ennemis du Régent, où M. le duc du Maine, bâtard légitimé, avait l'autorité et la puissance effective avec M. de Villeroi; et le Régent, la présidence nominale.

Puis, comme Louis XIV et le duc du Maine favorisaient les complots des Stuarts en Angleterre, M. Stairs, ambassadeur anglais en France, et la cour d'Angleterre tramèrent aussi des complots avec le Régent et Dubois, à l'effet de faire des Bourbons aînés des Stuarts français. MM. Stairs et Dubois, Orléans et Georges, nouveau roi d'Angleterre, ennemi juré des Français, se disaient, selon les mémoires de l'époque, « que, si le faible rejeton de la famille royale (Louis XV) en France venait à manquer, toutes les renonciations n'empêcheraient pas que le duc d'Orléans ne fût regardé comme un usurpateur à l'égard de Philippe V, et que Philippe V ne fût reconnu *par toute l'Europe*, comme roi de France, s'il se démettait du sceptre d'Espagne en faveur de son fils aîné; que le duc d'Orléans ne pouvait avoir d'allié plus sûr que le nouveau roi d'Angleterre qui, lui aussi, était un usurpateur à l'égard des Stuarts. » (Duclos, etc).

De son côté, Louis XIV entama d'actives négociations avec les puissances étrangères pour que, le cas échéant de la mort du jeune dauphin (Louis XV), les puissances secondâssent ses intentions contre l'avènement du Régent. M. de Villars, le vainqueur de Denain, « conclut à ce sujet des traités avec les Etats qui sont le long de la mer Adriatique. Tous les pays qui baignent cette mer, et de plus, les Ibériens, les Allobroges et plusieurs autres nations s'engagèrent dans cette ligue (du Haut Camp T. IV; etc).

La Régence de Philippe V. — Sur ces entrefaites, Louis XIV mourut (1715). Le Régent acheta toute la cour corrompue du vieux roi, fit un coup d'Etat, déchira le testament, et accapara toute la puissance gouvernementale.

Pendant toute la Régence (1715-1723), toute la France continua d'être pour Philippe V, bien que le Régent sacrifiât toutes les ressources, toutes les richesses, toutes les alliances, tous les intérêts dynastiques des Orléans, aux Anglais et à se faire des amis. Il n'est pas jusqu'au duc de Saint-Simon lui-même, son intime ami et membre du Conseil de Régence qui ne développât au Régent, au moment de sa déclaration de guerre à Philippe V et à l'Espagne, des arguments comme ceux-ci qui reflétaient exactement l'esprit public :

« Faire cette guerre, lui disait Saint-Simon, c'est affaiblir le royaume, et agrandir d'autant ses ennemis naturels (les Anglais) ; c'est donner lieu de croire que vous n'employez votre pouvoir précaire que pour votre intérêt personnel et que vous achetez un appui contre *les droits de Philippe V* à la couronne de France... Et, dans le cas du plus heureux succès, si le petit-fils de Louis XIV, détrôné d'Espagne, rentrait en France pour réclamer la Régence que *la naissance lui donne sitôt que son absence cesse de l'en exclure*, et arracher Louis XV, son neveu, et les Français qui l'avaient mis sur le trône d'Espagne des mains d'un gouverneur tel qu'il lui plaira de vous représenter, eh bien ! moi-même, qui suis à vous de tous les temps, je vous confesse que, si les choses en venaient à ce point, je prendrais congé de vous avec larmes ; je tiendrais le petit-fils de Louis XIV, oncle de notre roi, pour le vrai Régent et pour le dépositaire légitime de l'autorité et de la puissance du Roi mineur. *Et si, moi, je suis de la sorte, que pouvez vous espérer de tous les autres bons Français...?* » (Mémoires Saint-Simon).

Le fils et le petit fils du Régent et les droits des Bourbons de la deuxième branche aînée. — Après la Régence, les droits des Bourbons de la seconde branche aînée furent aussi incontestés que par le passé, quels que furent les complots de MM. Orléans Sainte-Geneviève, fils du régent, et Orléans, dit *le gros-Philippe*, fils de M. Orléans Sainte-Geneviève.

En octobre 1726, Louis XV ayant été attaqué de la petite vérole et ses jours gravement mis en péril, et ses ministres ayant laissé partir un courrier sans écrire à la cour d'Espagne, Philippe V en conclut, sans autre examen, que le roi de France, son neveu, était mort. Il convoqua aussitôt une junte extraordinaire, y déclara qu'il allait se rendre à Versailles avec le second de ses fils pour recueillir l'héritage du trône de France et qu'il laissait la couronne d'Espagne à son fils aîné. Celui-ci prononça et signa le jour même, dans la chapelle du Palais, une renonciation formelle au trône de France en faveur de son frère cadet. Immédiatement, Philippe V fit préparer ses équipages et partir des relais pour les carrosses de la Cour. Le lendemain matin, de bonne heure, la reine était déjà dans le carrosse, le roi avait la jambe levée pour y monter lorsqu'on leur remit le courrier de France qui annonçait que le jeune Louis XV était complètement rétabli.

Or, M. Orléans Sainte-Geneviève n'avait aucun partisan en France. Il ne peut être nié par quiconque a quelque peu d'érudition historique que, si Louis XV était venu à décéder sans enfant mâle, Philippe V aurait été acclamé comme roi de France par la nation.

Ce fut en vain que, durant de longs mois, M. Orléans *le Génovéfain* sollicita, vers la fin de sa pauvre carrière, le roi, dont il s'était constitué l'ennemi implacable, de prendre pour son gendre, son fils, *le Gros-Philippe*. Louis XV, bien qu'il aimât beaucoup ce gros jeune garçon qui, fidèle aux leçons de M. Orléans *le Génovéfain* et de M. d'Argenson, son intendant, avait su se concilier les bonnes grâces du roi en imitant tous ses goûts, refusa toujours, et très-nettement, le père et le fils, par considération politique et par respect pour les droits incontestables des Bourbons de la deuxième branche aînée (Mémoires d'Argenson). — Plus tard, M. Orléans *le Génovéfain* renouvela les mêmes tentative auprès de son autre ennemi irréconciliable, M. le Cardinal Fleury, premier ministre. Celui-ci lui déclara formellement, à plusieurs entrevues, que Louis XV et la France étaient pour les descendants de Louis XIV et, qu'en cas de mort de Louis XV et du dauphin, lui, premier ministre, il regarderait les renonciations d'Utrecht pour ce qu'elles étaient et ferait proclamer roi un Bourbon de la branche aînée, représentée par les Bourbons d'Espagne, descendants de Louis XIV (Mémoires d'Argenson).

En 1751, le Dauphin, fils unique de Louis XV, étant tombé dangereusement malade, « toute la famille royale fut dans les larmes et les pleurs. Je n'ai jamais vu le roi si troublé », disent les mémoires de Mme du Hausset, femme de chambre de la Pompadour. « Quand son fils fut hors de danger, Louis XV s'écria gaiement : « Le roi d'Espagne aurait eu beau jeu ». En cela, ajoute Mme du Hausset, dont la maîtresse était, mais en secret, pour *le Gros-Philippe*, « son assidu courtisan » l'on prétend qu'il avait raison et que c'était justice, mais que, *si le duc d'Orléans avait eu un parti*, il aurait pu prétendre à la Couronne. — Cette maladie démontra une fois de plus que le Gros-Philippe n'avait aucuns partisans, en dehors de la Pompadour et de ses femmes de chambre; que le roi et la cour regardaient les descendants de Louis XIV de la deuxième branche aînée comme les héritiers légitimes du trône de France; que Louis XV, fidèle aux lois fondamentales de la monarchie française qui excluaient du trône les descendants du frère de Louis XIV, tant qu'il resterait des Bourbons de la branche aînée, et continuant les traditions de son arrière-grand'père Louis XIV, estimait avec le pays qu'il n'y avait pas de Pyrénées qui pûssent empêcher ses héritiers légitimes et naturels de lui succéder.

V

L'Assemblée constituante et les droits des Bourbons de la deuxième branche aînée. — En septembre 1789, l'Assemblée constituante vota l'article de loi suivant : « L'Assemblée a reconnu... que la personne du roi est inviolable et sacrée, le trône indivisible, la couronne héréditaire, dans la race régnante, de mâle en mâle, *par ordre de primogéniture* ». Or, ce vote, conformément aux cahiers des Etats Généraux de 1789, de la Noblesse, du Clergé et du Tiers-Etat, relatifs à la succession au trône et aux lois fondamentales de la monarchie, et comme l'écrivait le philippiste Mirabeau, dans son n° 42 de son *Courrier de Provence*, consacrait les droits des Bourbons de la deuxième branche aînée à la couronne de France, par préférence à la branche cadette d'Orléans.

La faction d'Orléans de l'Assemblée protesta contre ce vote et demanda qu'il fût décidé si la branche régnante en Espagne pourrait régner en France « quoiqu'elle eût renoncé à cette couronne par un traité authentique ». Les débats s'engagèrent avec fureur. La discussion dura deux, trois, quatre jours, longue, animée, irritée, violente, orageuse. L'orléaniste Mirabeau se fit rappeler à l'ordre; en quatre jours, il monta et remonta dix fois à la tribune. Plusieurs votes successifs eurent lieu, tous défavorables à la faction d'Orléans. M. Mirabeau écumait de rage. Enfin, après plusieurs appels nominaux, le dernier ne rallia que 438 philippistes contre 541 voix qui votèrent la rédaction suivante :

« La couronne est héréditaire, dans la race régnante, de mâle en mâle, par ordre de primogéniture, *sans entendre rien préjuger sur l'effet des renonciations* ».

Cette rédaction forma plus tard l'art. 1, ch. II, sect. 1, *de la Royauté et du Roi*, de la Constitution de 1791.

En 1830. — Le 29 Mars 1830, le roi d'Espagne, Ferdinand VII, qui était dominé par sa femme, Marie-Christine, rendit un décret ou pragmatique sanction, par lequel la loi salique était abolie et la loi de la Partida rétablie. Par ce décret, le frère de Ferdinand VII, don Carlos, se trouvait déshérité au profit de la fille que Marie-Chistine venait de mettre au monde, Isabelle la Catholique.

Pour comprendre ce qui va suivre, il importe que j'explique comment la loi salique avait supplanté la loi de la Partida au moment de la conclusion du traité d'Utrecht.

La Partida. — Avant les négociations du traité d'Utrecht, la loi de transmission de la couronne d'Espagne était celle-ci : « La royauté est déléguée héréditairement à la race régnante, par ordre de primogéniture, *sans considération de sexe* ». Telle était la loi de la Partida.

La loi salique. — Pendant les négociations d'Utrecht, Philippe V ne voulut consentir aux renonciations que si le traité d'Utrecht assurait à sa postérité masculine l'établissement de la loi salique en Espagne, loi en vertu de laquelle les femmes sont exclues du trône et ses enfants mâles seraient assurés de la couronne d'Espagne.

Sa demande fut acceptée. En conséquence les Cortès que Philippe V réunit pour recevoir les renonciations votèrent aussi la loi salique. Ce nouvel ordre de succession fut consacré par le traité d'Utrecht et devint dès lors partie essentielle et intégrante du droit public européen.

En effet, l'art. 7 du traité d'Utrecht dit formellement : « ..De manière que, les susdites renonciations et *les autres transactions* (loi salique) *qui les regardent subsistant dans leur rigueur*, les deux couronnes de France et d'Espagne ne pourront jamais être réunies ; ainsi, le roi d'Espagne et la reine d'Angleterre s'engagent, par parole de roi, qu'eux ni leurs héritiers ne permettront qu'il soit jamais rien fait capable d'empêcher les renonciations et *autres transactions* susdites d'avoir leur plein et entier effet ».

La loi salique et les renonciations. — Ainsi donc, la loi salique, rendue conformément aux préliminaires du traité d'Utrecht, dans les mêmes Cortès qui avaient entériné les renonciations des Bourbons d'Espagne, et antérieurement à la conclusion définitive du traité où elles furent insérées, puis consacrée par le traité lui-même, la loi salique, dis-je, était donc connexe, corrélative aux renonciations ; il y avait entre elles, comme le disent fort bien MM. de Brossard et de Lourdoueix, un rapport immédiat et d'autant plus rigoureux que c'étaient les renonciations qui avaient rendu indispensables l'abolition de la loi de la Partida et l'adoption de la loi salique, et que, sans elles, la loi salique n'aurait pas été promulguée. Dès lors, l'une des deux clauses ne pouvait être modifiée sans détruire l'autre et l'abrogation de la loi salique entraînait forcément l'annulation des renonciations. En un mot, comme le dit l'art. 7 ci-dessus, les deux couronnes de France et d'Espagne ne pouvaient être réunies « *tant que les renonciations et les autres transactions qui les regardent subsisteraient dans leur rigueur* »; lorsque « *les renonciations et les autres transactions qui les regardent* ne subsisteraient plus dans leur rigueur », les deux couronnes de France et d'Espagne pourraient être réunies *sur une seule et même tête*.

Charles X, les orléanistes et les renonciations. — Charles X, dans l'intérêt de l'équilibre européen, protesta aussitôt contre la pragmatique sanction du vieux Ferdinand VII. Il s'entendit avec les Bourbons de Naples. Mais tous ces pourparlers prirent du temps. La conduite dilatoire de Charles X souleva contre lui tous les philippistes et leurs journaux ; ils s'ameutèrent, dressèrent les protestations les plus énergiques et demandèrent les mesures les plus promptes contre un acte qui, disaient-ils, annihilait les renonciations d'Utrecht.

M. Louis-Philippe et les renonciations. « Ils passent avant mes enfants. » — M. Louis-Philippe fut sans cesse sur pied : « Il me rendait, dit M. de Polignac, ministre en 1830, dans ses *Etudes historiques*, de fréquentes visites, le matin, me remettait diverses notes prouvant que Ferdinand VII n'avait pas le droit d'abolir un ordre de succession reconnu par l'Europe et garanti par des traités. Il me pressait d'engager le roi à prendre des mesures propres à rétablir les choses en Espagne dans leur ancien état. Comme Français (!) et comme *PÈRE*, me disait-il, je prends un vif intérêt à cette question. En effet, dans le cas où M. le duc de Bordeaux viendrait à mourir sans enfants, la couronne reviendrait à mon fils aîné, *pourvu que la loi salique fût maintenue en Espagne ; car, si elle ne l'était pas, la renonciation faite par Philippe V au trône de France, en son nom et au nom de ses enfants mâles, serait frappée de nullité, puisque ce n'est qu'en vertu de cette renonciation que les descendants mâles de ce prince ont acquis un droit à la couronne d'Espagne ; si ce droit leur est enlevé, ils peuvent réclamer celui que leur donne la loi salique française à l'héritage de Louis XIV. Or, comme petit-fils de ce monarque, ils passent avant mes enfants. »*

Dix prétendants contre la maison d'Orléans. — Ainsi parlait judicieusement, dans ses notes et verbalement, M. Louis-Philippe au premier ministre de Charles X, et M. de Polignac ajoute : « Bref, dans sa propre opinion, Louis-Philippe ne se dissimulait pas que, conformément à notre loi salique, méconnaître les droits de don Carlos, c'était, au lieu d'un prétendant à la couronne de France, en opposer dix à la Maison d'Orléans. »

Fn 1833. — Isabelle-la-Catholique ayant succédé à son père, en 1833, avec la régence de sa mère, Marie-Christine, M. Louis-Philippe ne voulut jamais reconnaître la royauté de l'usurpatrice ; car, selon lui, c'eût été acquiescer à la pragmatique de Mars 1830, la faire sienne, se l'approprier, concourir solennellement à l'abrogation de la loi salique en Espagne, à la violation de l'art. 7 du traité d'Utrecht, à l'annulation des renonciations, mettre légalement entre le trône de France et les Orléans tous les mâles de la deuxième branche aînée, et faire revivre leur droit de succession immédiat, en cas de mort de M. le Comte de Chambord.

Mais MM. Thiers et de Broglie s'obstinèrent dans une voie contraire, et parvinrent à surmonter toutes les répugnances de M. Louis-Philippe. C'est ainsi que M. Louis-Philippe qui, en Juillet 1830, avait renoncé aux droits héréditaires de sa famille, resta logique avec lui-même dans cette question.

En 1846. M. Guizot, M. Lord Palmerston et les droits de la deuxième branche aînée. — En 1846, la question des Bourbons de Parme, de Naples et d'Espagne fut à nouveau soulevée. Un des fils de M. Louis-Philippe, M. Montpensier, fut fiancé à la sœur d'Isabelle-la-Catholique. Cette union lui assurait l'éventualité du trône d'Espagne.

Le cabinet britannique et lord Palmerston protestèrent contre ce mariage en se fondant sur les renonciations d'Utrecht et l'abolition de la loi salique en Espagne et en déclarant que cette loi salique était corrélative au traité de 1713. — M. lord Palmerston, ministre anglais, et M. Guizot, ministre français, s'échangèrent de nombreuses dépêches. M. Guizot y attribua aux renonciations le seul objet que les puissances avaient voulu atteindre et leur destiner, la séparation perpétuelle des deux couronnes. Je lis dans sa dépêche du 5 octobre 1846 :

« .. Le traité d'Utrecht et les règles qu'il a instituées pour la succession à la couronne d'Espagne l'ont été dans l'intérêt de la paix et de l'équilibre européen... Le double but hautement reconnu et proclamé de ce traité fut 1º d'assurer la couronne d'Espagne à Philippe V et à ses descendants ; 2º d'empêcher que l'union des couronnes de France et d'Espagne sur la même tête fût jamais possible. Il suffit de se rappeler les négociations qui ont précédé le traité et d'en lire l'art. 7 pour demeurer convaincu que tels en sont réellement le sens et la pensée. Or, par le mariage de l'Infante avec M. le duc de Montpensier, la couronne ne sortira pas de la maison de Philippe V et de ses descendants, et les deux Couronnes de France et d'Espagne demeureront séparées. »

Je lis dans une autre des dépêches de ce ministre du gouvernement français, en date du 11 octobre 1846 : «... Je vous ai dit, dans ma dépêche du 5, quel était le véritable caractère du traité d'Utrecht. Les auteurs du traité voulaient d'une part assurer le trône aux descendants de Philippe V, de l'autre prévenir la réunion sur une même tête des couronnes d'Espagne et de France.. C'est là, par conséquent ce qui détermine le vrai sens et la portée légitime des renonciations... Ces renonciations ne *sauraient s'étendre et ne s'étendent point en effet au delà de ce but...* »

Comme on le voit par ces deux dépêches, d'après le gouvernement de M. Louis-Philippe, les renonciations d'Utrecht n'avaient pu enlever aux Bourbons de la deuxième branche aînée leurs droits d'héritiers légitimes, en cas d'extinction de la première branche aînée.

Qu'est-ce qu'un traité ? — J'ai jusqu'ici tourné et retourné le traité d'Utrecht pour démontrer, avec les légitimistes de tous les temps, qu'il n'avait en rien exclu, pu ni même voulu exclure les Bourbons de la deuxième branche aînée du trône de France. J'ai prouvé que ce traité avait été interprété de la sorte par les puissances signataires, par les contemporains, par Louis XIV, Louis XV, l'Assemblée constituante de 1789, Charles X et les légitimistes, Louis-Philippe et les orléanistes.

Mais, en fin de compte, qu'est-ce donc qu'un traité? Comme le disait fort bien Duclos, « il n'est que trop vrai que les traités de paix ne sont que des trêves. A peine a-t-on quitté les armes que la guerre de cabinet commence. On négocie, on cherche des alliances pour se mettre en état de recommencer les hostilités avec plus d'avantage. »

Les traités, en définitive, c'est la juridiction de la force qui prévaut tant qu'elle est la force, et jusqu'à ce qu'une force contraire vienne briser la force triomphante. Telle a été l'histoire de tous les traités. Telle elle est encore. Telle a été spécialement celle des traités d'Utrecht. — De tous les traités qui ont été conclus, je n'en vois guère qu'un qui soit en vigueur, c'est le dernier. Eh bien! je le demande à M. Aumale, l'Alsace et la Lorraine ne nous appartiendront-elles pas lorsque nous les aurons reprises de force?

Je vais poser une autre question à M. Aumale. Je me rends à Chantilly et, là, je vais camper sur les bords de ses étangs où j'opère aussitôt une inénarrable razzia des carpes séculaires qui y étalent tous leurs appâts. M. Aumale arrive essoufflé et, le teint coloré, fond sur mon butin que j'entends bien m'approprier par le droit souverain de conquête et du plus fort. Calme, impassible et conscient de la supériorité de ma force, je somme M. Aumale terrifié de *renoncer* à la propriété de ses carpes, sinon je lui laisse le choix entre le sort du dernier Condé ou être jeté dans son étang comme M. Thibaut, capitaine, reçut en 1830 l'ordre conditionnel de couler bas dans la Manche le *Great Britain* avec Charles X, MM. d'Angoulême, de Chambord, les princesses qui s'y trouvaient, et les nobles de leur domesticité (de Lourdoueix, lég., Amédée

Boudin, orl., Louis Blanc rép.) — Evidemment, devant un homme comme moi, M. Aumale me signerait à l'instant, et en tremblant de tous ses membres, la renonciation à ses carpes. — Eh bien ! je le demande à M. Aumale, sa renonciation serait-elle pour cela valable ? Non. Eh bien, alors ? Quid des prétendues renonciations d'Utrecht ?

VI

Les droits des Bourbons de la deuxième branche aînée et les légitimistes depuis 1848. — Si avant le règne de Louis-Philippe, tous les légitimistes se sont en tous temps, en tous lieux et en toute circonstance, prononcés pour les droits de la deuxième branche aînée, leurs déclarations n'ont pas été moins unanimes sous le règne de M. Louis-Philippe.

De 1848 au second Empire, tous les légitimistes, hostiles à la fusion, ont de même dénié bruyamment à M. (le comte) de Paris d'être l'héritier légitime de M. le comte de Chambord. Ainsi, M. Michaud, l'illustre et implacable historien de M. Louis-Philippe, dit fort bien :

« Après avoir tourné si longtemps dans le cercle des révolutions, ne serait-il pas possible que nous revinssions un jour à la monarchie héréditaire ? Dans ce cas, certainement il serait injuste de priver la famille d'Orléans de ses droits successibles, mais il nous semble que ses droits sont bien éloignés, puisque la branche aînée est représentée (1849) par un jeune prince, plein de vie, d'espérance, *et que, s'il venait à mourir sans postérité, ce qu'à Dieu ne plaise, celle de Phelippe V est loin d'être éteinte.* »

Je pourrais, moyennant recherches, faire 200, 500, 1,000 citations semblables ; je me contenterai de reproduire celle-ci empruntée à *La Révolution c'est l'Orléanisme* de M. de Lourdoueix, directeur de la *Gazette de France* :

« ... Enfin, le droit héréditaire de M. (le comte) de Paris, dans le cas du rétablissement de la branche aînée, n'est pas aussi absolu, aussi incontestable que Madame (la duchesse d') Orléans semble le croire... Elle devrait se rappeler que l'Assemblée Constituante de 1789 n'avait pas trouvé la question de succession aussi simple,... et que, malgré l'influence très-grande alors de Philippe-Egalité et de sa faction, elle l'avait ajournée et réservée... Elle devrait se rappeler les lois de la monarchie traditionnelle... Qui donc, dans le cas où le principe de la légitimité monarchique serait rétabli en France, empêcherait le roi d'établir au pavillon Marsan sa sœur, Mme la duchesse de Parme, avec ses deux enfants en bas-âge, nés de son mariage avec un infant d'Espagne, le seul des petits-fils de Philippe V qui ne porte pas une couronne fermée ou qui n'ait pas un droit éventuel à un trône royal ?... Qui empêcherait que ces princes ne fussent élevés comme princes français ? Ne sont-ils pas nés d'une mère française et d'un père italien, comme le père du comte de Paris était né sur la terre étrangère d'un père français (pardon ! italien) et d'une mère italienne (Mme Amélie !) ? Et quand, dans un demi-siècle, la succession à la couronne se serait ouverte, n'auraient-ils pas été plus près du trône que la branche d'Orléans, puisqu'ils sont les héritiers directs de Louis XIV, tandis que les princes d'Orléans n'en sont que les collatéraux ?... »

Depuis 1852, les intérêts de la fusion ont fait mettre aux légitimistes une sourdine plus ou moins sourde à leur respect retentissant et loyal de la foi et de la loi monarchique. Mais jamais il ne leur est échappé une parole qui contestât les droits de la seconde branche aînée des Bourbons. Bien au contraire, je me rappelle fort bien avoir lu fréquemment dans leurs journaux des réserves nombreuses et plus ou moins accentuées contre les droits de M. de Paris. Et enfin, il est de notoriété parmi les familiers et les intimes de M. de Chambord que ce prince comme sa sœur, Mme la duchesse de Parme, destine sa succession, le legs de ses droits et de la défense du drapeau blanc à un de ses héritiers légitimes, M. Robert de Parme (*Le Monde* du 17 février 1873 etc.)

Les renonciations de MM. Orléans. — Je le répète, ces vérités ont été, depuis 1852, maintes fois défendues par les légitimistes. Si un écrivain voulait s'imposer la rude tâche de recueillir tous ces documents, je me porte fort qu'il arriverait à accumuler des matériaux suffisants pour en remplir un énorme volume.

Enfin, de 1871 à 1873, l'*Univers*, l'*Union* et *le Monde* ont fait de fréquentes allusions aux droits incontestables du neveu de M. le comte deChambord, de M. Robert de Parme, jeune prince âgé de 25 ans, qui a fait son éducation auprès de son oncle et épouse toutes ses idées comme ses principes et son *amour* loyal du drapeau blanc. Comme nous l'avons vu, M. Robert de Parme, outre qu'il est le fils de la sœur de M. de Chambord, est par Philippe V un héritier direct de Louis XIV, tandis que M. de Paris, à l'instar de M. Aumale, n'en est qu'un héritier collatéral. M. Robert de Parme est donc, avec MM. le duc de Madrid et François II (de Naples), l'héritier légitime de M. le comte de Chambord, le vrai dauphin de France, celui qui ne rêvent pas MM. Cumont (*Arthur* de), Princeteau et autres Cumont de France.

Quant à moi, je certifie que M. Robert de Parme, a plus de talent, de cœur et d'âme que MM. Orléans, qu'il a plus de sang français dans les veines que les descendants de MM. Philippe d'Orléans, le Régent, Philippe-Egalité et Louis-Philippe Egalité, et qu'il est moins italien, prussien ou espagnol que MM. Orléans. De même que toute la presse est unanime à accorder plus de considération à M. le comte de Chambord qu'à M. Aumale ou à M. de Paris, de même son neveu qui est toute son image et, comme lui, un descendant non pas de M. Philippe d'Orléans, frère de Louis XIV, mais de Louis XIV, est digne des mêmes préférences. Si j'étais forcé d'opter entre M. de Paris ou M. Robert I, roi de France, je le dis hautement, et je pense que tous les Français feraient comme moi, j'opterais d'emblée pour M. Robert I. M'est avis que M. Robert I est à mille coudées au-dessus de M. Louis Philippe II.

J'ai d'autant plus de faible pour M. Robert I qu'il n'a pas du tout de sang prussien ou bâtard dans les veines, tandis que MM. Philippe d'Orléans, le Régent, Orléans Le Génovéfain, Philippe-Egalité et Ferdinand d'Orléans ont épousé des allemandes ou des bâtardes.

Je terminerai en constatant que, s'il y a eu des renonciations à des droits sur la Couronne de France, c'est de la part de MM. Orléans qu'elles ont eu lieu.

En effet, en mars 1872, l'*Univers* arracha victorieusement à l'*Union de l'Ouest*, le journal de l'épique M. Cumont (de), de M. Falloux et autres Orléanistes dévôts, cet aveu : « Un prince héritier, qui assassine le roi, est indigne et exclu de l'héritage » (art. 727 du Code civil).

Et l'*Univers* triomphant s'écria : En 1793, oui ou non, M. Philippe-Egalité a-t-il voté la mort de Louis XVI ? Oui ou non, M. Philippe-Egalité n'a-t-il pas, par son influence, décidé de la chute de la royauté et ensuite de l'arrêt de mort de Louis XVI ? De plus, M. Philippe-Egalité n'a-t-il pas, à plusieurs fois consécutives, renoncé de 1791 à 1793, *pour lui et sa postérité*, à ses droits éventuels à la Couronne de France ?. — . D'autre part, par analogie, l'*Union de l'Ouest* ne devrait elle pas admettre que, pour succéder à un roi, il faut au moins reconnaître son autorité et lui faire sa soumission ? Comment prétendre exercer, par héritage, des droits que l'on conteste au détenteur ? Ne pas reconnaître une autorité royale emporte la renonciation à ses propres droits sur l'exercice successoral de cette autorité et frappe de déchéance la revendication qu'une ambition égoïste et personnelle formulerait à l'avenir. L'analogie est frappante entre l'assassinat de la personne d'un roi et l'assassinat moral de ses pouvoirs royaux. Or, en 1830, M. Louis-Philippe a dépouillé de l'autorité royale de leurs droits, Charles X, MM. de Chambord et d'Angoulême; depuis, ses fils et petits fils n'ont jamais voulu reconnaître les droits de la branche aînée. MM Orléans ont donc renoncé et renoncent à leurs droits d'héritiers légitimes : « Un prince héritier, qui assassine le roi, est indigne et exclu de l'héritage » (art. 727 du Code civil.)

SOUS PRESSE

HISTOIRE DE PHILIPPE D'ORLÉANS
FRÈRE DE LOUIS XIV
CHEF DE LA MAISON D'ORLÉANS (1840-1701)

(Histoire curieuse, authentique et inédite, narrée d'après les ouvrages, mémoires et manuscrits orléanistes et légitimistes)

PAR TH.-P. GAZEAU (DE VAUTIBAULT)

LA
RÉPUBLIQUE FRANCAISE

LE COMTE DE CHAMBORD

ET

LES BOURBONS

DE LA DEUXIÈME BRANCHE AÎNÉE

OU

LES COULISSES DE LA FUSION

PAR

TH.-P. GAZEAU (DE VAUTIBAULT)

Prix : **30** Centimes

EN VENTE :

CHEZ TOUS LES LIBRAIRES

1873

Dépôt : 13, rue du Croissant, 13